UN BON AVIS

à tous ceux qui sont las des révolutions de partis et qui désirent

LE RÈGNE DES AFFAIRES,

OU LE

SALUT LÉGAL

DE LA

FRANCE ET DE L'EUROPE,

Par A.-S. Berger.

PRIX : 50 centimes.

LYON.

CHEZ LES PRINCIPAUX LIBRAIRES.

—

1850.

LE
SALUT LÉGAL

DE LA

FRANCE ET DE L'EUROPE,

APPEL

A TOUS LES CULTIVATEURS, NÉGOCIANTS ET OUVRIERS
QUI AUJOURD'HUI NE PEUVENT NI SORTIR DE CHEZ EUX, NI VAQUER A LEURS AFFAIRES
SANS LA PERMISSION DES PARTIS.

Par A.-S. BERGER.

LYON.

CHEZ LES PRINCIPAUX LIBRAIRES.

—

1850.

AVIS PRÉLIMINAIRE

A NOS COMMUNES ET A NOS AGRICULTEURS.

Si j'avais quelque influence ou quelque autorité auprès de vous, connaissant comme il me semble le connaître l'esprit qui souffle et qui soufflera désormais dans nos villes et nos corporations industrielles, que vous dirais-je!.....

Je vous dirais: Oui, du progrès, des réformes, des améliorations tant qu'on voudra; mais enfin cet esprit d'aventure, de turbulence ou d'agitation qui tue tout, anéantit tout parmi nous, et qui distingue à un si haut degré nos corporations industrielles, peut-il bien être le vôtre, à vous, paisibles habitants ou agriculteurs des campagnes? — Non.

Par conséquent, puisqu'il n'y a pas, qu'il ne ne peut pas y avoir d'harmonie possible entre vous, pouvez-vous bien plus long-temps et tout à découvert, du moins sans une désorganisation, une ruine inévitable, ainsi qu'il vous est arrivé et qu'il vous arrivera toujours, rester sous le coup de leurs journaux, de leur influence et de leur exploitation? Ce n'est pas possible. Et, pour vous y soustraire et le faire surtout définitivement, le pourrez-vous bien dans votre état actuel d'isolement et sans une organisation propre à vous, enfin une existence distincte et toute particulière?

— Non, jamais. Car tant que vous donnerez autant de prise à l'anarchie, les mêmes causes ne produiront-elles pas toujours les mêmes résultats? Et ne faudra-t-il pas que le sabre soit toujours là pour nous sauver, si toutefois il le pourra toujours? Le sabre, en effet, a-t-il bien pu empêcher toutes nos révolutions, nos catastrophes? d'où il vaut donc encore mille fois mieux les prévenir que d'avoir jamais à les combattre.

Aussi, loin de faiblir devant le temps, l'étude ou l'observation, cette opinion n'a-t-elle fait que s'accroître en nous; et quand, pour remédier à tant de maux, pour faire cesser un état si intolérable, un ordre de choses si funeste, nous venons vous proposer cette organisation que nous avons cru le salut, n'obéissons-nous plus qu'aux convictions les plus profondes, qu'aux prescriptions d'un patriotisme qui ne peut voir périr son pays!

Dans ces cercles, dans ces réunions communales, en effet, s'il ne nous faut bien pour notre salut que cette vie distincte, dont nous parlons plus haut, que cet abri contre les mauvais journaux, ou que cette indépendance des partis, des villes ou des autres corporations, ne trouverons-nous pas tout cela prévu et abondamment réuni? N'y aurions-nous même pas nos journaux à nous, faits par des écrivains également à nous, au lieu d'être exploités par eux comme on l'est si pitoyablement aujourd'hui? Et pour les journaux des autres corporations ou les mauvais journaux, qu'on laisserait à la porte, bien entendu, qui voudrait alors dépenser seulement un centime pour les lire quand on aurait les siens à soi, enfin tout ce qui pourrait vous intéresser, vous ou le corps dont vous faites partie? — Personne.

Par conséquent, si de nos trente-six millions d'habitants que possède notre pays, nous en retranchions les vingt-six millions environ que compte l'agriculture, ce ne serait donc plus que dix millions qu'il leur resterait à exploiter; chiffre qui, de jour en jour, ne diminuerait-il pas encore sensiblement devant l'imposante organisation de l'agriculture et surtout devant la paix, devant la prospérité publique qui en seraient les premiers bienfaits?

Mais, pour de pareils résultats, ne faudrait-il pas des adhésions, un concours qui y répondissent? Et serait-ce avec quelques communes seulement qu'on pourrait les obtenir? — Non certainement.

Cependant, en voyant comme depuis bientôt soixante ans nous sommes déchirés, bouleversés par les révolutions ou les partis déchaînés, peut-on bien croire qu'il serait si difficile d'enlever ce concours! — Nous ne le voulons pas penser. Car enfin, si, digue infranchissable du vote universel, l'armée, notre belle armée est toujours là pour dire à l'insurrection: *On ne passe plus!* quelle sera ou quelle pourra être notre digue électorale, si, infidèles à notre poste, à tous nos intérêts les plus chers, nous ne sommes pas aussi là, et tous là pour lui répéter de notre côté: *On ne passe plus ici non plus!*

Mais ces belles paroles, les pourrons-nous jamais prononcer sans nous voir, sans nous entendre, enfin sans nos cercles et nos réunions?

DES CERCLES AGRICOLES,

RÉUNIONS DE TOUS LES INTÉRÊTS DES AGRICULTEURS, DES COMMUNES ET DU PAYS.

Que serait-ce que ces cercles agricoles ?

Une organisation des communes bien supérieure à l'organisation actuelle, comme on le verra plus tard, et qui, au lieu de les laisser à la queue, à la merci ou à la remorque de n'importe qui ou quoi, les mettrait et tiendrait au contraire à la hauteur de tous les progrès, de tous les temps, de toutes les circonstances.

A présent, serait-il besoin, après toutes les révolutions que nous avons traversées, de venir prouver ici la nécessité de cette organisation contre les villes et de faire des évolutions plutôt que des révolutions ?

Le serait-il davantage d'en montrer l'inévitable efficacité ? Car en nous voyant ainsi organisés et toujours en mesure, pourrait-il bien venir à la pensée de nos meneurs de refaire des révolutions qui ne seraient plus acceptées, et ne les mèneraient à rien ?

Et ce résultat si grand, de clore enfin toutes nos révolutions, demanderait-il autre chose que du bon vouloir, et que ces simples réunions agricoles, qui créeraient et fortifieraient entre nous l'esprit de corps et où l'on pourrait se concerter, étudier à loisir tous ses besoins, tous ses intérêts, de même que les hommes d'entre nous, qui sauraient le mieux les comprendre et les représenter?

Les cercles agricoles ne pourraient-ils point devenir des clubs sous des noms plus rassurants?

On ne nous demandera pas d'abord pourquoi tous ces cercles, pourquoi toute cette organisation agricole, mais si ces réunions, sous des noms plus rassurants, ne pourraient pas devenir des clubs ou des foyers de passions au milieu de nous; ce que, comme de juste, il ne nous importe pas peu de savoir auparavant.

A quoi, pour tranquilliser tous les esprits à cet égard, même les plus méticuleux, ne pouvons-nous pas répondre par ces quelques mots: Au lieu de l'ambition politique et aveugle du moi, seul, unique but et mobile de tous les clubs, nos cercles agricoles, n'ayant et ne pouvant avoir, au contraire, que celle du bien de la commune et du pays, ainsi qu'il sera facile de s'en assurer d'après le tableau ci-joint de leurs travaux et mieux encore d'après les statuts de leur réglement à peu près définitif, qui est à la fin de l'ouvrage, il serait donc bien difficile, pour ne pas dire impossible, qu'ils pussent devenir jamais ce qu'on n'appréhende pas plus que nous.

Au surplus, quand ambition et encore légitime ambition il y aurait, qu'est-ce que nous pourrions tant avoir à redouter devant celle de la charrue, de la serpe ou du rateau?

Sont-ce là les instruments de la mort, ou bien ceux de la paix et de la vie?

Mais, après tout, le pays et la loi ne seront-ils pas là?

*De quoi s'occuperaient encore les cercles agricoles, ou plutôt
de quoi ne s'occuperaient-ils pas?*

Serait-ce, par hasard, de leur instruction pratique et professionnelle en fait d'agriculture, dont on ne leur a jamais parlé dans les écoles et pas trop davantage ailleurs?

Serait-ce de leurs intérêts de production ou de conservation des produits, tels que des vins, des céréales, etc.? questions non moins importantes pour le consommateur que pour le producteur.

Serait-ce des questions d'impôts indirects, de douane, d'octroi ou des moyens d'empêcher la fabrication des vins, de désentraver la liberté commerciale sans laquelle toutes les autres disparaissent à leurs yeux?

Serait-ce d'institutions de banques de crédit agricole, dont ils ont tant besoin, ou de réforme du régime hypothécaire, pour eux si lourd et si ruineux aujourd'hui?

Serait-ce d'économie rurale, d'assurances mutuelles contre l'incendie, la grêle, les épizooties, les inondations, etc.?

Serait-ce d'études ou de recherches de méthodes, d'instruments ruraux quelconques, plus expéditifs ou plus économiques de débours, de temps ou de bras?

Serait-ce du perfectionnement de leurs constructions agricoles, vinicoles, ou de l'art d'envaser certains vins, de faire les engrais, d'exploiter les eaux d'irrigation, d'élever ou de nourrir toutes espèces de bestiaux?

Serait-ce d'hygiène, de salubrité ou d'assainissement de leurs communes, de leurs habitations, de leurs églises surtout, où dans un si grand nombre et devant leurs yeux, tout moisit, tout dépérit sous le règne dévorant et ruineux de la routine?

Serait-ce de questions de fraternité ou de secours mutuels

pour se faciliter les travaux des champs ou une plus prompte levée des récoltes aux années pluvieuses, etc. ?

Ou bien serait-ce encore de leurs droits, devoirs ou intérêts publics aujourd'hui comme citoyens, soldats, gardes ou électeurs communaux, départementaux ou nationaux ? questions toutes si importantes et encore si peu connues et résolues. Car, enfin, pour n'en citer qu'un exemple, est-ce que si en arrivant sous les drapeaux chaque conscrit connaissait déjà bien sa manœuvre (1), il n'y aurait pas moyen, et au profit de l'Etat comme du citoyen, d'abréger la durée du service actuel ?

Pourquoi pas ?

Serait-ce de leurs intérêts si grands à défendre la société contre des attaques ou des doctrines subversives, audacieuses ?

Serait-ce encore du cours des marchés, des denrées, chose pour eux alors si facile, ou bien même des plaisirs et agréments de leurs cercles ou de leur vie publique agricole, communale, nationale ou politique, à bon marché ?

Pourquoi pas aussi ?

Il reste sans doute encore beaucoup d'autres choses utiles dont ces cercles pourraient s'occuper, mais je m'arrête, et laisserai chercher à chacun le bien à faire ou le mal à empêcher et que ne voudraient pas faire ou empêcher les communes, une fois ainsi organisées et surtout dévouées comme on l'est quand on travaille pour son pays et pour soi ! Tâche, un peu grande , il est vrai, un peu hardie, peut-être souvent assez peu accessible à plusieurs de ces cercles,

---

(1) Et pour obtenir ce précieux résultat, y aurait-il autre chose à faire que de décréter qu'on n'accorderait cette faveur qu'à ceux-là seuls qui, sages économes de leurs loisirs , auraient déjà appris la manœuvre aux exercices préparatoires de leurs pays?

mais dont pourtant la grandeur, la difficulté ne pourraient-elles pas aussi faire le mérite et l'harmonie, et cela par la nécessité même où l'on se verrait tantôt de communiquer, de s'éclairer, de fraterniser ou rivaliser ; tantôt de se grouper ou centraliser pour ne plus former, au besoin, qu'un corps, qu'une âme, qu'un seul homme. — On en jugera.

Au surplus, si la tâche est parfois un peu haute, large ou grande, ce que nous sommes loin ici de contester, n'y appelons-nous pas, n'y convions-nous pas, et de notre plus grande, de notre plus forte voix, tous les loisirs, toutes les intelligences, tous les dévouements, même ceux de messieurs les curés et vicaires qui, au reste, ne sont-ils pas tous à peu près intéressés, sinon comme cultivateurs, du moins comme fils de cultivateurs, à toutes ces solutions, à tous ces progrès et à tous ces succès?

Mais, après tout, sera-t-on obligé d'en prendre plus qu'on ne voudra ou qu'on ne pourra?

Autres avantages de ces cercles pour les habitants
des campagnes.

Les habitants des campagnes seraient-ils bien longs à reconnaître les avantages et l'à-propos de ces cercles? — On ne doit pas le penser ; car déjà les fêtes et les dimanches n'en tiennent-ils pas à leur façon à la sortie des églises? Là seulement, au lieu d'avoir un abri, un bon poêle quand il fait froid, qu'il pleut ou qu'il neige, de l'ombre quand il fait trop de soleil, ils sont à la rigueur de toutes les saisons. Ce qui fait que, lorsqu'ils ont pris chaud pour arriver aux exercices religieux, ils prennent ensuite souvent le contraire avec toutes les pleurésies et pertes de temps ou d'argent qui s'ensuivent.

Mais à cela ne se borneraient pas les avantages de nos

réunions sur les leurs; car ne serait-ce rien que d'y trouver les derniers cours des marchés et de toutes les denrées, des nouvelles régulières sur l'état des récoltes en tous pays, un point central d'intelligence ou de ralliement en toute espèce de cas, enfin tout ce qui pourrait intéresser un homme, soit comme cultivateur, propriétaire, fermier, etc., etc., soit comme citoyen de sa commune, de son département, de son pays ou même du monde! Et tout cela pour si peu de chose, pour si peu d'argent, par suite soit du grand nombre des adhérents, soit de la modicité des frais de fondation ou d'annuel entretien de ces sortes d'établissements.

Peut-être même en plusieurs endroits pourrait-on utiliser pour cela les grandes salles des maisons communes qui servent si rarement, ce qui éviterait encore tous frais de location ou de construction.

Par conséquent, il ne resterait donc plus alors à payer que le simple entretien, deux ou trois journaux politiques ou agricoles (1), le chauffage d'une quarantaine de jours par hiver, une ou deux grandes tables, quelques bancs ou quelques chaises du prix de 60 à 70 centimes, c'est-à-dire pour la première année, 5 ou 400 francs au plus, et pour les suivantes 100 francs à peine.

Qu'on juge après cela si c'est la crainte de la dépense qui peut faire reculer les communes et empêcher la réussite d'une chose aussi flatteuse et aussi importante pour tous.

Divers buts de ces cercles.

Puisque nous avons toutes les charges, tous les inconvénients, tous les maux de la République, choses toutes, je

---

(1) Voir à cet égard l'article relatif aux journaux politiques des cercles agricoles, à la suite du réglement.

pense, aujourd'hui assez connues de chacun, pour avoir à en représenter ici le triste tableau, notre premier but ne doit-il pas être d'en savoir prendre aussi les avantages et le bien? — Il le semble du moins.

Et parmi ces avantages ne regarderons-nous pas bientôt comme un des plus signalés le droit de réunion dont elle nous a dotés, surtout quand, ainsi à la portée de toutes nos paisibles majorités des campagnes, l'on pourra en apprécier le mérite et la valeur?

Et si toute autre forme de gouvernement n'est plus bonne ou possible pour nous, qu'il nous faille dorénavant nécessairement la République, notre deuxième but ne doit-il pas être d'en savoir au plus tôt fonder les mœurs parmi nous?

Mais pour faire prendre ce bien, pour faire adopter ces mœurs désormais si nécessaires, était-ce possible autrement que par les avantages, que par les jouissances ou les plaisirs même que chacun y trouverait? — Non certes. Toute la question était donc là, car sans cela ou sans ce concours spontané de tous, que peut devenir la République parmi nous, livrée aux partis, au journalisme, à toutes les ambitions! — Perdue! mille fois perdue ou ruinée! ce qui revient toujours au même.

Et ce que nous disons là pour la République, ne peut-il pas se dire aussi ou mieux pour toute autre espèce de gouvernement?

Par conséquent, notre plus grande affaire aujourd'hui est de nous occuper sans plus de retard de la fondation de tous ces cercles, qui, yeux ouverts des communes sur tous leurs besoins, sur tous leurs intérêts, sur tous les ennemis du dedans comme du dehors, en même temps que point de ralliement, seraient l'âme, la vie et la grande vie publique et normale de tout notre pays, de toutes nos gardes nationales. Qui pourrait le nier?

*Organisation de ces cercles, mais seulement nos
premières idées.*

Mais, me demandera-t-on maintenant, comment orga-
niserez-vous tous ces cercles si paisibles, si heureux, qui
lieraient ou relieraient tout, à la place de ces clubs qui
n'ont encore jamais su faire autre chose que d'effrayer,
brouiller et dissoudre? — Le mieux que nous pourrions
pour la satisfaction ou la conciliation de tous; car serait-il
possible de se figurer que le bien, celui même de la plus
grande majorité possible d'un pays, se pût jamais faire sans
quelque obstacle ou sans quelque dérangement pour les
habitudes, pour les intérêts ou les passions? — Non.

Cependant, pour ne pas rester ici tout-à-fait muet devant
le lecteur, relativement à l'organisation ou aux statuts de
ces réunions, nous dirons: 1° que sauf raisons majeu-
res, elles ne devraient avoir lieu que les dimanches et
fêtes chômées, après les offices; 2° que pour le bon ordre,
leur plus prompt succès, la facilité des rapprochements,
l'agrément du contact, de même que pour ne pas nuire
aux industries locales et nécessaires, on n'y devrait jamais
permettre ni jeux, ni boissons quelconques; 3° qu'enfin,
on n'y pourrait admettre les personnes que la notoriété
publique signalerait comme dangereuses et inaccepta-
bles. Car, si avec son petit prorata annuel, de 1 franc
50 centimes au plus par tête, ces cercles doivent être
parmi nous les vrais temples de la liberté, de l'égalité,
de la fraternité, pourraient-ils bien ne pas être aussi
ceux de la moralité et de l'honneur? — Ce n'est pas
possible.

Par conséquent, convenances, intérêts publics, tels sont
les guides que nous pouvons donner à ceux qui voudraient

fonder de ces cercles qui, toujours au profit des masses et de la civilisation, deviendraient donc encore de vrais tribunaux d'honneur public et national, tribunaux qui, pour être tout moraux, n'en seraient pas moins redoutables et moins redoutés, et tels que les républiques, et les républiques seules, en peuvent peut-être donner aux hommes et aux sociétés.

Maintenant, quant aux cercles urbains ou aux réunions de ce genre, que l'on pourrait désirer voir aussi dans nos villes à la place des clubs, nous avons cru en devoir faire l'objet d'un travail particulier.

Ces réunions, en effet, quoique sœurs des précédentes par l'esprit de conservation et de progrès, n'auraient-elles pas des besoins ou des intérêts tout différents?

DÉVELOPPEMENT PLUS COMPLET DE L'ORGANISATION DE CES CERCLES.

Conditions d'admission.

Pour faire partie de la grande société d'agriculture, c'est-à-dire d'un corps d'intérêts paisibles, tout identiques et similaires, ne faudrait-il nécessairement pas appartenir à la classification de l'agriculture? — Oui.

Ne faudrait-il pas encore avoir atteint l'âge de majorité, c'est-à-dire de raison et de maturité, avoir une conduite horable et acceptable? — Oui.

A présent, tous les citoyens non cultivateurs, mais attachés au service de l'agriculture ou des agriculteurs, pourraient-ils

ou devraient-ils bien être séparés du grand corps agricole?
— Non; car il n'y a pas de raison pour que tous ces gens-là
ne marchent pas comme un seul homme.

Ne devrait-on pas y admettre encore ces jeunes conci-
toyens destinés pour le service ou la défense de la patrie,
au moins tous ceux qui le pourraient mériter ou n'en
seraient pas empêchés par leur conduite, et même leur
délivrer de ces lettres de bien-venue, dont nous parlons
plus bas au réglement, art. 21, et qui, au lieu de cette in-
différence ou de cette pitié publique qu'ils redoutent non
sans raison (car, pour eux, n'est-ce pas là la source de toutes ces maladies si souvent mortelles, qu'on appelle maladies
du pays?) ne leur feraient plus trouver partout, sur leurs
pas, qu'un peuple de frères ou d'amis.

Pour les cercles ou les communes, en effet, ne serait-ce
pas là le moyen, tout en leur rendant la vie ou les devoirs
militaires ainsi instructifs, agréables, de s'en faire les plus
précieux et tout à la fois les plus économiques voyageurs;
lesquels, même sans attendre leur retour, pourraient donc
déjà, au fur et à mesure de leurs explorations, leur faire
part de tout ce qu'ils croiraient devoir intéresser des com-
patriotes ou leur porter quelques plaisirs? — Quoi de plus
facile!

Pourra-t-on encore faire partie des réunions de deux corporations différentes? — Non, il faudra opter. Les membres
du clergé seront-ils considérés comme étant dans ce cas?
— Non, car on n'exclut pas les gens qui ne viennent que
pour faire le bien. *Transiit benefaciendo.*

Devoirs des admis.

1er Devoir. — Devoir envers le président, devant qui on
jurerait d'observer et respecter les statuts du réglement,

sans quoi point de société possible au monde, et cela même à première injonction de sa part ou de ses suppléants, à son défaut.

2ᵐᵉ Devoir. — Devoir envers les sociétaires.

Après le devoir envers le président ou le réglement, le deuxième et indispensable devoir de tout homme, dans une société publique quelconque, et surtout aujourd'hui sous le règne de la liberté des cultes, doit-il être celui du respect de cette liberté des cultes et des consciences, en la personne de tous ses membres. Par conséquent, on ne doit s'y permettre aucune de ces discussions dogmatiques ou religieuses, toujours si blessantes et du reste assez stériles, pour ne pas dire même de pure perte de temps.

3ᵐᵉ Devoir. — Ne doit-on pas s'y interdire aussi toutes discussions politiques non modérées, sous peine de se voir enlever la parole et condamner à ce que de droit mérité? — Oui, sans doute.

4ᵐᵉ Devoir. — Ne doit-on pas encore laisser à la porte de ces cercles toutes ses rancunes, toutes ses animosités personnelles, pour ne laisser entrer absolument que l'homme public, pénétré de cette double pensée: 1° Que, si l'on y est libre et parfaitement libre de ne frayer ou causer qu'avec qui l'on voudra, pourrait-on bien l'y être d'attaquer, d'invectiver qui que ce soit, de troubler les travaux des réunions, etc.? — Non; 2° De cette autre non moins importante, savoir: qu'en compromettant ainsi le succès des premières réunions, ne compromettrait-on pas aussi non seulement les destinées de l'agriculture et des communes, mais encore celles de notre pays tout entier, que le vote universel autant que les folies de nos villes ne semblent-elles pas confier en leurs plus sages mains?

5ᵐᵉ Devoir. — De payer, si on le peut, sa petite quote part des frais de sa réunion.

6me **Devoir.** — Qui serait le devoir envers soi-même, lequel devoir, comme conclusion pratique de tous les autres, devrait consister pour chacun à apprendre à se dompter, à se posséder un peu soi-même, si l'on voulait jouir de tous ses avantages de sociétaire, de même que du plein et entier exercice de toutes ses facultés personnelles.

Direction de ces cercles; leur composition.

La direction de ces cercles se composerait : 1° d'un président; car peut-il y avoir de corps quelconque sans tête ? 2° d'un ou de plusieurs vice-présidents, selon les besoins, pour que d'abord, du moins jusqu'à intelligence, jusqu'à accomplissement de chacun de tous ses droits ou devoirs, ou jusqu'à fonctionnement complet ou tout harmonique de ces sociétés, il y ait toujours un président, je ne dis pas seulement aux assemblées générales, ce qui serait alors de rigueur ou de convenance pour tous, mais même aux réunions ordinaires de chaque dimanche ou fête chômée, où l'on ne ferait tout bonnement que voir ses amis, apprendre les nouvelles, causer, se chauffer, etc.; 3° d'un ou de deux secrétaires; 4° enfin d'un trésorier chargé des rentrées, achats ou réglements des petites dépenses de chaque cercle.

Fonctions ou devoirs des directions.

Les fonctions ou devoirs de chaque direction seraient de deux sortes ou de deux natures différentes : 1° de perfectionner le réglement au fur et à mesure que le besoin s'en ferait sentir, d'en faire encore, comme de juste, envers et contre tous, l'impartiale autant que l'intelligente application; par conséquent de prononcer tous les jugements ou con-

2

damnations devenues nécessaires, inévitables, desquelles condamnations nous expliquerons l'espèce ci-après, au réglement définitif et général ; 2° d'ordonner, diriger tous les travaux, toutes les études des sociétés ou de leurs comités au mieux des intérêts de tous ; d'accorder, ôter ou refuser la parole, suivant les cas ou les écarts, et enfin pour les présidents, ou vice-présidents à leur défaut, de représenter de la manière qui conviendrait le mieux, personnellement ou par correspondance, chacun son cercle ou sa société dans tous ses intérêts ou relations quelconques, soit vis-à-vis des autres cercles établis ou encore en travail d'établissement, soit aussi partout où besoin serait ou pourrait être.

A présent ne serait-ce pas encore aux présidents ou à un comité de présidents à fonder comme à diriger les journaux politiques des cercles agricoles ? — C'est évident.

Manière de former les directions.

Pour la première fois ou la première épreuve, c'est-à-dire jusqu'à ce que, d'un côté, les capacités et les dévouements pour la réussite de ces cercles soient bien dessinés, bien connus, et, de l'autre, l'intelligence ou la reconnaissance de tous ses droits, devoirs ou intérêts assez faite ou assez développée pour n'avoir plus à craindre de ces légèretés de choix ou de ces égarements de confiance si funestes et pourtant si communs, nous désirerions, quant à nous, qu'on laissât les directions se former d'elles-mêmes, toutes seules, de cette honorable et sympathique réunion de dévouements ou de capacités, qui ne manquent jamais de répondre aux appels des grands et vrais besoins.

Il va sans dire néanmoins que ces directions provisoires devraient être ensuite approuvées par leurs communes, et ne jamais contrarier l'action des mairies, s'il arrivait que les maires n'en fussent pas les présidents ; car autrement, s'il n'y a pas de respect pour le pouvoir, adieu les cercles, adieu la fraternité ! Il n'y a plus qu'à trembler devant le sabre et à rentrer chacun dans son trou.

Réglement définitif et général, mais surtout pour les jours de grandes réunions.

Ainsi donc tout le réglement, âme et soutien de ces cercles, à observer par les sociétaires et à faire observer par les présidents ou vice-présidents à défaut, se devrait donc à peu près composer des articles suivants, savoir :

Art. 1er. — Serment de respect à tous les statuts de la société, comme de déférence la plus spontanée à toutes les injonctions des présidents ou vice-présidents, sans quoi point de cercles, point de sociétés possibles.

Art. 2. — Respect de la liberté des cultes et des consciences en la personne de tous les sociétaires.

Art. 3. — Interdiction de toutes discussions étrangères, passionnées, politiques, personnelles ou autres.

Art. 4. — Ne jamais sortir de ses lectures ou causeries particulières, pour s'adresser à l'assemblée, sans permission formelle et surtout sans avoir soumis ses motions aux présidents, qui devront en apprécier l'utilité ou l'à-propos

Art. 5. — Les réunions ordinaires auront lieu tous les dimanches et fêtes chômées, après les offices.

Art. 6. — Les grandes réunions générales où l'on discuterait tous les hauts intérêts de la société, où les rapporteurs des comités auraient à faire part de leurs travaux, missions, etc., et les présidents de leurs démarches, succès, visites, correspondances ou relations, etc., auraient lieu tous les mois, trimestres ou semestres, selon les besoins, à la décision des directions et des assemblées.

Art. 7. — Il y aurait de plus encore, mais cela aux beaux jours, de grandes réunions annuelles plus solennelles encore, où l'on pourrait inviter ou appeler à la vérification, au partage de ses travaux, succès, progrès ou plaisirs, tous les cercles, toutes les communes des alentours, tous les membres des comices agricoles, etc., etc., et même pourquoi pas tout cela aux détonations des boîtes, avec accompagnement de fêtes et banquets, qui seraient les fêtes et banquets de l'agriculture?

Art. 8. — Toutes infractions au réglement ne pourraient être punies que par des amendes au profit de la caisse générale, ou par des exclusions de la société plus ou moins longues, sinon même perpétuelles, suivant les délits ou les cas de récidive.

Art. 9. — Cependant les exclusions définitives ne devraient jamais avoir lieu sur un premier délit et sans avertissement préalable, sauf pour les choses où il n'y aurait plus d'excuse ou de ménagement possible, cas alors assez désagréables pour tous et auxquels ne ferait-on pas bien, souvent, de prévenir les coupables d'avoir à ne plus reparaître aux réunions?

Art. 10. — Le maximum des amendes pour infraction au réglement ne pourrait pas dépasser 1 fr.

Art. 11. — Nous avons bien dit plus haut, art. 5, que les réunions ordinaires n'auraient lieu que les dimanches et fêtes chômées; cependant si les villages ou alentours de villages désiraient des réunions tous les jours pour les loisirs des grandes soirées d'hiver, pourquoi les en priver ou les en empêcher, surtout du moins si l'on s'offrait à payer le surplus des frais occasionnés pour cela? — Il n'y aurait pas de raison.

Art. 12. — Payer à qui de droit son petit prorata des dépenses de la société, comme déjà dit.

Art. 13. — Ne jamais rien emporter de ces cercles, sans permission de qui de droit, sous peine d'amende.

Art. 14. — Chaque sociétaire aurait la liberté d'amener au cercle agricole ses parents, amis ou visiteurs du dehors.

Art. 15. — Les sociétaires qui feraient connaitre quelque instrument, procédé nouveau ou étranger, avantageux pour la commune, le pays ou l'agriculture, seraient récompensés de la manière qu'en déciderait la société.

Art. 16. — S'ils ne faisaient pas partie de la réunion, ces auteurs ou communicateurs, ils en seraient déclarés membres immédiatement, et même au besoin sans contribution aucune de leur part.

Art. 17. — Exposition de cinq tableaux (mais ceci ne serait pas de rigueur, et je ne l'émets que comme moyen d'émulation dont on restera libre d'apprécier la valeur), serait faite dans chaque cercle, présentant : le premier, par ordre ou rang de mérite comme agriculteur, vigneron, fermier, etc., la classification de tous les habitants de la commune qui, par leurs travaux quelconques, services ou gestion, auraient. pu mériter cette attention, cette reconnaissance ou cette distinction ; le deuxième, de ces mêmes hommes ou mêmes mérites par régions agricoles ; le troisième, de id. et id. pour la France ; le quatrième, de id. et id. pour le monde, et le cinquième enfin, des agronomes en général, dont la mort ou le temps aurait le plus respecté ou illustré la mémoire comme écrivains ou comme praticiens, lequel tableau final par conséquent n'étant plus de la biographie contemporaine, mais de l'histoire, n'aurait donc pas à être modifié comme les trois précédents.

Art. 18. — A ces quatre premiers tableaux qui seraient faits pour environ quatre ou cinq ans, l'on pourrait joindre ceux des classifications suivantes.

Art. 19. — Ces classifications délicates des agriculteurs

les plus distingués de chaque commune pourraient être faites d'après les procédés reconnus les plus justes ou les plus convenables; celles des tableaux de régions agricoles ou vinicoles, etc., par les délégués des cercles ou de plusieurs cercles d'intérêts similaires aux congrès généraux tenus par région, et celles des tableaux de la France, de même que les deux autres par les délégués aux congrès généraux qui auraient lieu pour toute la France.

Mais il serait bien entendu que toutes ces délégations aux congrès régionaux ou nationaux, du reste d'une durée assez courte, ne pourraient être seulement qu'honorifiques, sauf pourtant, de la part des cercles, décision contraire à cet égard.

Art. 20. — Ces congrès par région, de même que ceux pour la France qui réuniraient tous les autres, pourraient avoir lieu, suivant les besoins, tous les ans, deux ans, trois ans, à la volonté des cercles et comme ils croiraient devoir en décider entre eux.

Art. 21. — Les délégués au congrès général supérieur de toute la France auraient encore à établir un système d'encouragement ou de décoration tout particulier, tout spécial pour l'agriculture, et varié ou gradué suivant l'importance des rangs, des services ou des fonctions. Ces décorations ou livrets, etc. (ce qui serait le plus convenable), titres ou preuves de moralité, capacité, etc., pour les ouvriers à gages ou manouvriers, etc., pouvant être une puissante recommandation, un moyen d'augmentation méritée de salaire, en tous cas de plus flatteur ou plus facile placement, ne manqueraient certainement pas d'être recherchés, et partant de produire les meilleurs résultats pour l'agriculture et le pays.

Quant aux jeunes gens qui, avant de se fixer ou de s'établir, désireraient faire leur tour de France agricole, pour me servir d'un terme déjà familier au compagnonnage, ce qui ne serait peut-être pas nuisible non plus à l'agriculture et aux agriculteurs, ces livrets, décorations ou plutôt lettres de recommandation au cachet de la grande société d'agriculture délivrés à propos et pour ces seuls cas par les présidents de chaque cercle, ne pourraient-ils pas leur servir comme de passeport qui partout, fût-ce même à cent lieues de leur village, les feraient de suite connaître, accueillir comme des amis, comme des frères, avec l'avantage non moins grand de trouver en même temps travail, connaissances, instruction ou secours, selon leur but, leurs désirs ou leurs besoins.

Ce serait un privilége, un petit sacrifice pour l'Etat, il est vrai ; mais enfin pourquoi pas ce privilége et ce petit sacrifice s'ils étaient encore avantageux ou nécessaires à l'agriculture, au pays et au progrès ?

Art. 22. — Tous les animaux domestiques seraient également déclarés sous la protection et surveillance spéciale des cercles agricoles par toute la France.

Art. 23. — Comme, attendu leur grand nombre et partant celui des défunts, les sociétaires ne pourraient pas être de tous les convois, ainsi qu'il est d'usage, il serait célébré en leur honneur, comme en celui de tous les autres défunts sociétaires agriculteurs de France et même du monde, un service solennel annuel ou bisannuel, auquel tous seraient tenus d'assister et auquel bien certainement personne ne voudrait manquer.

Art. 24 et final, mais qui peut-être aurait dû être le premier et en tête de tous.

Attendu que ces grandes réunions ou que ce communal, urbain ou national exercice du droit de réunion ne peuvent avoir lieu que dans la loi, sous la loi et pour la loi, ne doit-on pas, et qui que l'on soit, s'y interdire toute espèce d'opposition ou de lutte vis-à-vis de n'importe quels pouvoirs ou quelles autorités? Ce qui, au reste, alors ne serait-il pas autant dénué de convenance que de justice et de raison? et cela sous peine d'interdiction ou de remplacement immédiat, si c'est seulement la direction ou le président qui se trouve en défaut. — C'est indispensable ou inévitable.

Journaux politiques des cercles agricoles.

Pour que les journaux politiques des villes ne viennent pas gâter nos cercles agricoles, ou leur apporter, souffler ou insinuer un autre esprit que celui qu'ils auront et devront avoir dans l'intérêt de l'honneur, du maintien, comme de la prépondérance de leur ordre, il serait donc créé (1), sous la direction des présidents de ces cercles agricoles, des journaux politiques tout spéciaux pour eux et les communes, ainsi que nous l'avons manifesté dès le début, ou tout au moins n'en serait-il point reçu d'un esprit de détraquement ou de dissolution ; car autrement où en serait notre ordre, où en seraient nos cercles agricoles ?

Qu'au dehors l'on puisse toujours lire tout ce qu'on voudra ; point de contestation à cet égard : liberté pleine et entière ; mais aux cercles agricoles, avec tant de monde, ne faut-il pas du calme, ne faut-il pas de l'ordre, et surtout autre chose que de la stérile agitation? Par conséquent, ça ne peut donc guère aller que comme ça ! ou rien.

C'est du moins notre opinion quant à présent.

Au surplus, ferait-on là quelque chose qui ne se fasse pas dans tous les autres ordres ou corporations déjà établies ou constituées ?

____

(1) Ce qui rendrait la tâche des cercles assez simple et facile, et tuerait ou paralyserait beaucoup de mauvais journaux.

Observations finales.

Pour le stimuler, l'instruire, le défendre ou le représenter, l'agriculteur ayant de cette façon son histoire, sa biographie, ses hommes à lui, connus de lui, son ordre, ses
livres, ses journaux, ses lettres de bienvenue ou de fraternité,
enfin ses livrets, ses croix, ses émules, son centre et puis
son fusil, pourrait-il bien désormais se laisser aller à la peur,
à l'ennui, à l'abattement, aux séductions des partis ou à la
tyrannie, ou bien se regarder encore, ainsi qu'il le fait aujourd'hui, comme un être perdu, délaissé sur la terre, sauf
quand il y a impôts à payer ou à aller mourir à la frontière?
Ce n'est guère présumable.

Mais à présent toute cette réorganisation de l'agriculture
et des communes, que comme base ou lest indispensable
aujourd'hui nous croyons devoir proposer non-seulement à
notre pays, mais encore à l'Europe, au monde, en compen-
sation de l'ex-sécurité des royautés, pourra-t-elle bien la rem-
placer suivant notre pensée, notre désir, ou tout au moins
pallier un peu tous ces si funestes effets des perpétuelles
transes ou tergiversations du système électif républicain?

C'est le jugement que nous attendrons, tout en offrant
notre petit concours à qui croirait encore en avoir besoin
pour la mise en pratique de nos idées.

En tout cas, si, fermant l'oreille à toutes les leçons de
notre histoire révolutionnaire, si, insensible à tous les avis
de la science politique, l'on ne cesse pas, toujours dans les
mêmes errements, de se livrer, de s'abandonner à l'exploitation, à la merci de la presse et des partis, les mêmes causes devant toujours produire les mêmes effets, comme nous
l'avons signalé dans notre préface, quand aurons-nous la
paix, je vous le demande, quand aurons-nous le travail,

quand aurons-nous la prospérité? Et l'ouvrier comme le patron, et l'habitant des villes comme l'habitant des campagnes? Cé n'est pas nous qui le dirons. C'est vous! Et que direz-vous?... Jamais! Non, jamais!

On nous parle, hélas! ou plutôt on ne cesse de nous crier contre l'exploitation de l'homme par l'homme!

Mais, bon Dieu! y en eut-il jamais et même pourra-t-il jamais y en avoir de plus déplorable, de plus désastreuse, de plus ensanglantée ou de plus fratricide que la vôtre? oui, que celle de ces quelques ambitieux, exploitant toutes les faiblesses, toutes les passions, enfin le faux comme le vrai, et embusqués derrière les colonnes d'un journal?

RÉPONSES A QUELQUES OBJECTIONS.

Mais, dira-t-on, les hommes de nos campagnes étant fort occupés, et par la nature de leurs fonctions fort peu portés au travail intellectuel, comment pourront-ils jamais remplir tous ces grands devoirs que vous leur proposez?

— Nous répondrons : que pour remédier à cet inconvénient, rien ne serait plus facile que de trouver dans chaque commune des hommes dévoués et capables, qui liraient pour tous et dont les simples explications suffiraient audelà pour les tenir au courant de ce qui les intéresse et mettre chacun à même de bien remplir tous ses devoirs.

Mais dans nos campagnes, la lutte n'existe-t-elle pas aussi vive entre le garçon de ferme et le fermier, que dans nos villes entre l'ouvrier et le négociant? Comment ces deux hommes pourront-ils jamais marcher ensemble?

— L'intérêt du maître et de l'ouvrier ne sont divergents

qu'en apparence et sous les fausses lueurs des partis. N'est-il pas trop connu aujourd'hui, en effet, que lorsque le maître souffre, tous ceux dont il emploie les bras ou les services, partagent avec lui ses souffrances? Et quand la politique arrête ou trouble les affaires du premier, un chômage forcé ne vient-il pas attrister et frapper toute la commune? Nous mêmes, du reste, nous avons eu bien souvent l'occasion d'aborder ces problèmes avec des travailleurs de tous les genres, et nous avons pu nous convaincre par expérience que rien n'était plus facile que de leur faire comprendre la concordance et l'unité de leurs intérêts.

Mais par qui et dans quel lieu se ferait la rédaction des journaux de nos communes?

— Pour le lieu de la rédaction, il ne saurait être placé ailleurs qu'au centre même du gouvernement.

Ces journaux, en effet, ne doivent-ils pas toujours être pour le pouvoir des soutiens et des conseils, et pour les communes les plus rapides porteurs des nouvelles?

Quant aux hommes de la rédaction, qui ne sont après tout que les manouvriers de la pensée, ils recevraient toute leur impulsion du conseil central des communes.

Mais encore, où se prélèveront tous les frais, peut-être assez considérables, de ce grand journalisme national?

— Nous croyons pouvoir affirmer que les annonces d'un pareil journal suffiraient au-delà pour en couvrir toutes les dépenses; du reste, une pareille feuille, qui compterait de suite pour premiers abonnés près de 40,000 communes, ne verrait-elle pas ses frais de toute sorte considérablement diminués?

Mais, s'il est vrai que l'affaire une fois en mouvement pourrait se soutenir par elle-même, ne faudrait-il pas à l'origine une somme assez considérable pour l'entreprendre?

— Nous espérons qu'il sera peu difficile de trouver en

France, parmi tant de victimes de l'ordre de choses actuel, les souscripteurs nécessaires au début et qui du reste seraient ultérieurement remboursés sur les bénéfices certains de l'entreprise.

Mais ne serait-ce pas attirer sur nos campagnes ce fléau du journalisme qui a déjà si profondément perverti nos villes.

— Cela est vrai ; mais comme il n'est donné à personne aujourd'hui de pouvoir empêcher ce fléau inévitable, ne devons-nous pas être déjà trop heureux de trouver en lui-même un abri contre ses propres désastres ?

Le journalisme que nous introduisons n'est plus une œuvre de passion, de parti ou de spéculation, mais ici une œuvre de salut, un refuge, un port au milieu des naufrages.

Nous croyons donc avoir démontré, sous toutes ses faces, ce qu'une pareille organisation des communes pourrait avoir de puissance pour maintenir l'ordre social ébranlé ; nous croyons aussi n'avoir ni évité, ni affaibli les objections opposées à notre travail. Il ne s'agirait donc plus pour ces idées que de recevoir la sanction de la pratique.

Si tous ceux qui redoutent l'orage, si tous ceux qui ont intérêt (1) à détourner de leur pays les malheurs qui le

---

(1) Au nombre de ces intéressés ou des dupes de l'exploitation des partis et du journalisme actuel, qui est la grande lèpre de notre époque, serait-ce exagérer que d'en compter trente-cinq millions sur trente-six ?

En effet, dans toutes nos communes où, sauf les justices de paix et les perceptions qui rapportent quelque chose, est-il soulement une place à prendre qui rende autre que de l'embarras ? Par conséquent, voilà donc déjà vingt-six millions de trouvés ! Serait-il bien plus difficile de réunir les neuf autres dans nos villes, où tout notre travail industriel et commercial, au lieu d'être, comme chez nos voisins les Anglais, le menacent, voulaient prêter leur concours spontané, faudrait-il bien du temps pour nous voir tous abrités sous ces tutélaires institutions? Alors, quand sera venu le jour où se décideront les destinées du pays, l'œuvre de concorde et de de lumière aura assez fait de progrès dans les esprits pour que les populations de nos campagnes puissent bien reconnaître leur chemin, celui des affaires et du bonheur pour tous et, avec le leur, celui de la France et de l'Europe.

---

moteur de toute la politique, est, au contraire, à la merci de tous ses caprices? Aussi, comme vont les affaires en Angleterre! et comme vont les nôtres! Comme l'argent y est à bon marché! et comme il est cher chez nous!

N'en est-il pas assez comme cela pour vous faire voir où vous mène et mènera cette pincée de brouillons, si vous ne voulez pas avoir le courage de votre affranchissement et de l'exercice de votre majorité!

FIN.

TABLE DES CHAPITRES.

—

LYON. — Imprimerie de Boursy, grande rue Mercière, 66.

www.ingramcontent.com/pod-product-compliance
Ingram Content Group UK Ltd.
Pitfield, Milton Keynes, MK11 3LW, UK
UKHW022359120726
13694UKWH00005B/1963